BEI GRIN MACHT SICH IHR WISSEN BEZAHLT

Bibliografische Information der Deutschen Nationalbibliothek:

Die Deutsche Bibliothek verzeichnet diese Publikation in der Deutschen National-bibliografie; detaillierte bibliografische Daten sind im Internet über http://dnb.d-nb.de/ abrufbar.

Impressum:

Copyright © 2017 GRIN Verlag
Druck und Bindung: Books on Demand GmbH, Norderstedt Germany
ISBN: 9783346036988

Dieses Buch bei GRIN:

https://www.grin.com/document/500462

Pascal Klönne

Der Aufstieg der NSDAP. In der heutigen Zeit noch möglich?

GRIN Verlag

GRIN - Your knowledge has value

Der GRIN Verlag publiziert seit 1998 wissenschaftliche Arbeiten von Studenten, Hochschullehrern und anderen Akademikern als eBook und gedrucktes Buch. Die Verlagswebsite www.grin.com ist die ideale Plattform zur Veröffentlichung von Hausarbeiten, Abschlussarbeiten, wissenschaftlichen Aufsätzen, Dissertationen und Fachbüchern.

Besuchen Sie uns im Internet:

http://www.grin.com/

http://www.facebook.com/grincom

http://www.twitter.com/grin_com

Facharbeit

Der Aufstieg der NSDAP: In der heutigen Zeit noch möglich?

verfasst von

Pascal Klönne

Grundkurs Geschichte

Abgabetermin: 24.03.2017

Inhaltsverzeichnis

1. Einleitung

Das Thema Nationalsozialismus ist in Deutschland noch immer ein aktuelles Thema, denn die Herrschaft Hitlers und die damit verbundenen Auswirkungen des zweiten Weltkrieges und des Antisemitismus waren fatal für Deutschland und die Welt. Doch hat das Thema in Deutschland in den letzten Jahren zunehmend an Brisanz hinzugewonnen. Die AfD, eine rechtspopulistische Partei scheint nach den Bundestagswahlen 2017 mit über zehn Prozent in den Bundestag zu ziehen[1], ein Szenario, was man lange für unmöglich hielt. Oder auch die PEGIDA eine teils gewaltbereite[2] Bewegung gegen islamische Einwohner beziehungsweise Flüchtlinge scheint mit teilweise 30000 Demonstranten[3] in Dresden Anklang in der Bevölkerung zu finden. Doch nicht nur in Deutschland ist diese Entwicklung zu beobachten. Auch in Frankreich ist mit dem Front National eine ähnliche Entwicklung zu beobachten wie in Deutschland mit der AfD. Auch weitere Länder wie zum Beispiel Polen, Ungarn und Österreich entwickeln sich zunehmend nach rechts. Aufgrund dieser erschreckenden Entwicklungen in den letzten Jahren werde ich untersuchen, ob in Deutschland eine „Machtergreifung", wie damals zu Zeiten der NSDAP möglich wäre. Diese Arbeit wird in zwei Teile aufgeteilt sein. Im ersten Teil dieser Facharbeit werden ich die Faktoren, die nötig waren für die Machergreifung der NSDAP herausarbeiten. Im zweiten Teil der Facharbeit wird die heutige Situation innerhalb Deutschlands dargelegt, um diese dann mit den im ersten Teil dargestellten Faktoren zu vergleichen. Am Ende dieser Facharbeit möchte ich zu dem Ergebnis gelangen, inwiefern eine erneute Machtergreifung einer rechten Partei in Deutschland möglich sein könnte.

---

[1] Infratest, http://www.infratest-dimap.de/umfragen-analysen/bundesweit/sonntagsfrage/ (19.03.2017)
[2] N-tv, http://www.n-tv.de/politik/Pegida-Jahrestag-endet-in-Gewalt-article16171256.html (13.03.2017)
[3] Ebd.

2. Vergleich der Faktoren zwischen damals und heute

2.1 Damals

2.1.1 Stimmung im Volk

Der erste Faktor ist die Niederlage im ersten Weltkrieg. Die meisten Deutschen gingen innerhalb des 1. Weltkriegs davon aus, aus diesem Siegreich hervorzugehen[4]. Als der Krieg als verloren galt, wurde die sogenannte „Dolchstoßlegende"[5] erfunden. Sie besagt, dass ein Waffenstillstand vereinbart wurde, obwohl der Krieg noch nicht entschieden war[6]. Diese Theorie fand bei den von der Niederlage enttäuschten Bürgern „großen Anklang"[7]. Nach dem Scheitern der Regierung durch „zahlreiche Unruhen und Aufstände"[8] entstand die Weimarer Republik. Im späteren Verlauf der Geschichte legte der Versailler Vertrag fest, dass Deutschland alleine die „Kriegsschuld und Reparationszahlungen in Milliardenhöhe"[9] zahlen musste. Ein weiterer Tiefschlag war die auf „15 Jahre befristete Besetzung des linken Rheinufers"[10]. Die Deutschen waren von den Verhandlungen alles andere als begeistert. Durch den entstandenen Unmut der Menschen gegenüber der Regierung hatten extreme Parteien einen starken Aufwind bekommen. Hierdurch konnten sich Parteien „wie die Nationalsozialistische Deutsche Arbeiterpartei (NSDAP) und die Kommunistische Partei Deutschlands (KPD) leicht etablieren"[11]. Sie boten den Menschen mit ihren populistischen Forderungen genau das wonach sich die Bevölkerung sehnte, nämlich politische und wirtschaftliche Stabilität.

---

[4] Böhnke, Andrea, http://www.planet-wissen.de/geschichte/diktatoren/adolf_hitlers_lebensweg/pwiediebasisfuerhitlerswegzurmacht100.html (14.03.2017)
[5] Krumeich, Peter und Wildt, Michael. Nationalsozialismus: Aufstieg und Herrschaft, S.6
[6] Böhnke, Andrea, http://www.planet-wissen.de/geschichte/diktatoren/adolf_hitlers_lebensweg/pwiediebasisfuerhitlerswegzurmacht100.html (14.03.2017)
[7] Ebd.
[8] Ebd.
[9] Ebd.
[10] Ebd.
[11] Ebd.

2.1.2 Wirtschaft

Im Jahre 1923 brach als Folge der hohen Kriegsschulden die Hyperinflation aus[12]. Die Folgen der Hyperinflation waren fatal, so dezimierten sich Renten und Zinsen und der Wert der Mark sank immens[13]. Im Zuge dieser Inflation sah Hitler eine gute Gelegenheit für einen Putschversuch, dieser blieb jedoch erfolglos. Durch die im November 1923 durchgeführte Währungsreform normalisierte sich die Hyperinflation vorerst[14].Ein weiterer Faktor, der der NSDAP zu Macht verhalf, war die Weltwirtschaftskriese im Jahre 1929/30. Sie wurde durch einen Crash an der New Yorker Börse verursacht[15]. Die Folgen waren gravierend „Wichtige Kredite aus dem Ausland blieben aus, die Industrieproduktion sank um 40 Prozent und sechs Millionen Menschen wurden arbeitslos."[16]. Durch diese immensen Folgen wurden radikale Parteien, wie die NSDAP oder die KPD, immer populärer im Volk. Dies spiegelte sich auch in den Wahlergebnissen vom 14. September 1930 wieder. Die NSDAP hatte seit der letzten Wahl um 15 Prozent hinzugewonnen[17]. „Damit war die NSDAP nach der SPD die stärkste Fraktion im Reichstag."[18]. Ein wesentlicher Faktor für diesen Wahlerfolg waren die immensen Wahlveranstaltungen der NSDAP. In den letzten vier Wochen vor den Wahlen fanden ca. 34000 Veranstaltungen statt[19].

2.1.3 Terror

Bereits am ersten Tag nach diesem Wahlerfolg begaben sich SA-Trupps in die Innenstadt von Berlin und „zertrümmerten die Schaufenster des Kaufhauses Wertheim am Kurfürstendamm und weiterer Geschäfte mit angeblich jüdischen Inhabern in der Berliner Innenstadt"[20]. Überschattet wurde der Wahlkampf 1932

---

[12] Krumeich, Peter und Wildt, Michael. Nationalsozialismus: Aufstieg und Herrschaft, S.11

[13] Ebd.

[14] Ebd.

[15] Böhnke, Andrea, http://www.planet-wissen.de/geschichte/diktatoren/adolf_hitlers_lebensweg/pwiediebasisfuerhitlerswegzurmacht100.html (14.03.2017)

[16] Ebd.

[17] Krumeich, Peter und Wildt, Michael, Nationalsozialismus: Aufstieg und Herrschaft, S.19

[18] Böhnke, Andrea, http://www.planet-wissen.de/geschichte/diktatoren/adolf_hitlers_lebensweg/pwiediebasisfuerhitlerswegzurmacht100.html (14.03.2017)

[19] Krumeich, Peter und Wildt, Michael, Nationalsozialismus: Aufstieg und Herrschaft, S. 19

[20] Krumeich, Peter und Wildt, Michael, Nationalsozialismus: Aufstieg und Herrschaft, S. 22

von gewalttätigen Aktionen seitens der NSDAP durch ihre SA-Trupps. Die exzessive Gewalt führte letztlich zur Absetzung der preußischen Regierung[21]. Nach dem enttäuschenden Ergebnis innerhalb der Wahlen von 1932 machten die enttäuschten Anhänger der SA ihrem Ärger Luft indem sie Juden überfielen oder eine Bombe auf die Zentrale der SPD warfen[22].

2.1.4 Propaganda

Als im Jahr 1932 die Wahl des Reichspräsidenten anstand, entschied sich die NSDAP gegen eine Wiederwahl Hindenburgs, sondern stellte Hitler als eigenen Kandidaten auf. Mit dem Image als „Führer des jungen Deutschland"[23] positionierte er sich gegen das aktuelle System und gegen die Politik Hindenburgs. Nachdem Hindenburg im ersten Wahlgang knapp mit 49,6 Prozent[24] die absolute Mehrheit verfehlte, war das Ergebnis in der Stichwahl eindeutig. So gewann Hindenburg zwar mit 53 Prozent[25] jedoch schien Hitler der heimliche Sieger dieser Wahl zu sein, denn er lag mit 36,6 Prozent[26] zwar immer noch hinter Hindenburg, jedoch verdoppelte er die Anzahl der Stimmen im Vergleich zu den Wahlen 1930. Als im gleichen Jahr sich die wirtschaftliche Lage Deutschlands nicht verbesserte entließ der Reichspräsident Hindenburg den Reichskanzler Brüning aus seinem Amt[27]. Als neuen Reichskanzler setze er Franz v. Papen ein. Dieser löste unverzüglich den Reichstag auf und setzte somit Neuwahlen an[28]. Während der Wahlen erreichte Hitler durch seine Reden Millionen von Deutschen, dies war ausschlaggebend dafür, dass Hitler das Volk erreichen konnte wie sonst kein Politiker vor Ihm[29]. Als die Ergebnisse der Wahl feststanden war die Enttäuschung innerhalb der NSDAP groß. Zwar war die NSDAP mit 37,3 Prozent[30] die stärkste

---

[21] Krumeich, Peter und Wildt, Michael, Nationalsozialismus: Aufstieg und Herrschaft, S. 26

[22] Krumeich, Peter und Wildt, Michael, Nationalsozialismus: Aufstieg und Herrschaft, S. 26
[23] Krumeich, Peter und Wildt, Michael, Nationalsozialismus: Aufstieg und Herrschaft, S. 23
[24] Andreas Gonschior, http://www.gonschior.de/weimar/Deutschland/Praesidenten.html (19.03.2017)
[25] Ebd.
[26] Ebd.
[27] Krumeich, Peter und Wildt, Michael, Nationalsozialismus: Aufstieg und Herrschaft, S. 23
[28] Ebd.
[29] Krumeich, Peter und Wildt, Michael, Nationalsozialismus: Aufstieg und Herrschaft, S. 25
[30] Gonschior, Andreas, http://www.gonschior.de/weimar/Deutschland/RT6.html (19.03.2017)

Partei jedoch reichte es weder zur absoluten Mehrheit noch wollte der Reichspräsident, Hitler zum Kanzler ernennen.[31]

2.1.5 Verfassung

Für die häufigen Wahlen und der Neubesetzung des Parlaments liegt der Artikel 25 der "Weimarer Reichsverfassung" zugrunde. Dieser befähigt den Reichspräsidenten dazu den Reichstag aufzulösen, wenn er dies für notwendig betrachtet[32]. Durch den Artikel 48 kann der Reichspräsident mithilfe von sogenannten Notverordnungen regieren. Das bedeutet, dass der Reichspräsident Gesetze erlassen kann ohne das Parlament[33]. Dass diese Verfassung die Demokratie torpedieren kann, zeigte sich als Paul von Hindenburg während seiner kompletten Amtszeit nur mit Notverordnungen regierte wodurch er Hitler den Weg zur Macht ebnete[34]. Die Verfassung berücksichtigte zwar viele Grundrechte jedoch schienen sie eher eine Art Empfehlung zu sein, so gab es kein Verfassungsgericht oder andere Institutionen die überprüfen ob die Verfassung gewahrt wird. Aufgrund dessen war es für die NSDAP ein leichtes diese Grundrechte zu ignorieren und sie später abzuschaffen.

2.1.6 Abschaffung der Demokratie

Im Januar 1933 war es soweit, Hitler wird zum Reichskanzler ernannt. Der Reichspräsident Hindenburg glaubte er könne Hitler als Kanzler unter Kontrolle halten, ein fataler Irrtum wie sich später herausstellte. Bereits drei Tage nach seiner Ernennung zum Kanzler ließ Hitler verkünden, dass er die gewonnene Macht nie mehr abgeben würde und für eine 180 Grad Wendung in der Politik ist[35]. Bereits am ersten Februar wurde das Parlament aufgelöst und Neuwahlen angesetzt. Diese Neuwahlen gingen mit brutalen Auseinandersetzungen einher,

---

[31] Krumeich, Peter und Wildt, Michael, Nationalsozialismus: Aufstieg und Herrschaft, S. 26

[32] Verfassung des Deutschen Reiches (11.08.1919), in: documentArchiv.de [Hrsg.], URL: http://www.documentArchiv.de/wr/wrv.html (20.03.2017)

[33] Verfassung des Deutschen Reiches (11.08.1919), in: documentArchiv.de [Hrsg.], URL: http://www.documentArchiv.de/wr/wrv.html (20.03.2017)

[34] Focus, http://www.focus.de/wissen/mensch/geschichte/tid-15138/weimarer-verfassung-der-praesident-ein-ersatzkaiser_aid_425046.html (20.03.2017)

[35] Krumeich, Peter und Wildt, Michael, Nationalsozialismus: Aufstieg und Herrschaft, S. 28

wie der Verhaftung von politischen Gegnern[36]. Doch ein Ereignis während des Wahlkampfes half den Nationalsozialisten sehr, der Brand des Reichstags. Hitler beschuldigte die Kommunisten diesen Terroranschlag verübt zu haben[37]. Hitler nutzte dies um eine Notverordnung in Kraft zu setzen, welche „wesentliche Grundrechte der Verfassung wie die Freiheit der Person, die Unverletzbarkeit der Wohnung, das Post- und Telefongeheimnis, die Meinungs- und Versammlungsfreiheit, das Vereinigungsrecht sowie die Gewährleistung des Eigentums […]"[38] außer Kraft gesetzt hatte. Am Ende der Wahl siegte die NSDAP mit 43,9 Prozent[39]. Am 2.Mai stürmte die SA die Büros von Gewerkschaften und beschlagnahmte ihr Eigentum daraufhin gründete die NSDAP eine Einheitsgewerkschaft „die Deutsche Arbeitsfront"[40]. Den letzten Schritt zur alleinigen Macht bildete die Abschaffung der Parteien. So lösten sich die meisten Parteien von selbst auf da sie merkten, dass es keinen Sinn hätte weiterhin die Opposition zu bilden[41]. Die KPD war bereits durch die Verfolgung dieser nicht länger existent[42] und die SPD wurde verboten, da ihre Anführer zum Putsch gegen das NS Regime aufriefen[43]. Hiermit erhielt Hitler und die NSDAP die alleinige Macht in Deutschland und konnten das auf vier Jahre beschränkte „Ermächtigungsgesetz" nach Belieben verlängern.

---

[36] Krumeich, Peter und Wildt, Michael, Nationalsozialismus: Aufstieg und Herrschaft, S. 32-33

[37] Krumeich, Peter und Wildt, Michael, Nationalsozialismus: Aufstieg und Herrschaft, S. 32

[38] Ebd.

[39] Andreas Gonschior, http://www.gonschior.de/weimar/Deutschland/RT8.html (19.03.2017)

[40] Zeitklicks, http://www.zeitklicks.de/nationalsozialismus/zeitklicks/zeit/politik/organisationen/daf-deutsche-arbeitsfront/ (19.03.2017)

[41] Krumeich, Peter und Wildt, Michael, Nationalsozialismus: Aufstieg und Herrschaft, S. 43

[42] Ebd.

[43] Ebd.

2.2 Heute

2.2.1 Vergleichbare Parteien zur NSDAP

Im Vergleich zu der damaligen NSDAP gibt es zurzeit in Deutschland zwei be-
kannte Rechte Parteien dazu zählt zum einen Nationaldemokratische Partei
Deutschlands (NPD) und zum anderen die Alternative für Deutschland (AfD).
Zwar wurde die NPD vom Bundesverfassungsgericht als verfassungsfeindlich
klassifiziert, jedoch besäße sie nicht die Größe um eine ernste Bedrohung dar-
zustellen[44]. Diese Facharbeit wird sich nur mit der AfD auseinandersetzten, da
die NPD keine signifikante Größe hat, weshalb sie sich nicht zum Vergleich zur
NSDAP eignet. Kurz nach der Gründung der AfD positionierte sich diese gegen
eine Europamitgliedschaft Deutschlands und damit auch gegen den aktuellen politischen Kurs in Deutschland[45]. Bereits im Jahr 2013, dem Gründungsjahr der
AfD, verpasste sie mit 4,7 Prozent[46] nur knapp den Einzug in den Bundestag. Die
AfD vertritt eine sehr restriktive Einwanderungspolitik bzw. Asylpolitik. So forderte
die AfD im Jahr 2015 „die sofortige Schließung aller nationalen Grenzen, an de-
nen eine unkontrollierte wilde Zuwanderung stattfindet"[47]. 2016 sorgte die AfD mit
ihrer Forderung im Notfall auch von der Schusswaffe Gebrauch zu machen[48] für
großes Aufsehen, sowohl politisch als auch im Volk und den Medien. Innerhalb
der Partei tobte im Jahr 2015 ein großer Machtkampf zwischen Bernd Lucke und
Frauke Petry. Dieser Gipfelte in dem Parteitag in Essen. Hier wurde Lucke nicht
erneut zum Parteivorsitzenden ernannt woraufhin er die Partei verließ[49]. Der deutsche Politikwissenschaftler Oskar Niedermayer attestierte der AfD nach dessen
Parteitag einen deutlichen Rechtsruck da mehrere Konservative austraten[50].

---

[44] Pressemitteilung des Bundesverfassungsgerichts, https://www.bundesverfassungsgericht.de/SharedDocs/Pressemit-
teilungen/DE/2017/bvg17-004.html (22.03.2017)

[45] Günther Lachmann, https://www.welt.de/politik/deutschland/article115038859/Die-konkreten-Ziele-der-Alternative-
fuer-Deutschland.html (19.03.2017)

[46] Tagesschau, https://wahl.tagesschau.de/wahlen/2013-09-22-BT-DE/ (19.03.2017)

[47] Handelsblatt, http://www.handelsblatt.com/politik/deutschland/fluechtlinge-in-deutschland-afd-verschaerft-asyl-
kurs/12427986.html (19.03.2017)

[48] Spiegel Online, http://www.spiegel.de/politik/deutschland/petry-fordert-notfalls-schusswaffen-einsatz-gegen-fluecht-
linge-an-der-grenze-a-1074816.html (19.03.2017)

[49] FAZ, http://www.faz.net/aktuell/politik/inland/parteitag-petry-gewinnt-machtkampf-bei-der-afd-13684985.html
(19.03.2017)

[50] Süddeutsche Zeitung, http://www.sueddeutsche.de/politik/alternative-fuer-deutschland-auf-bundesebene-hat-die-
rumpf-afd-keine-echte-chance-1.2558708#redirectedFromLandingpage (19.03.2017)

Zwar glaubt dieser auch, dass die Partei nun zu rechts sei um auf nationaler Bühne Erfolg zu haben[51] jedoch wird sich dies erst noch zeigen. Momentane Umfragen sehen die AfD mit 11 Prozent[52] in den Bundestag ziehen, wenn jetzt Wahlen wären.

2.2.2 Stimmung im Volk

Vergleicht man die Stimmung im Volk heute zu damals fällt auf, dass die Bürger heute gespalten zu der Politik innerhalb Deutschlands stehen. War damals die Wirtschaft der aktuelle Streitpunkt so ist es heute die Flüchtlingspolitik. In einer Umfrage aus dem Jahr 2015 des Instituts Infratest-dimap ist die Mehrheit deutlich gegen den Kurs der Bundesregierung[53]. Auffällig ist hierbei, dass selbst die Parteianhänger der Regierung gegenüber der Politik eher negativ eingestellt sind. Auch hier ist wieder die sehr restriktive Haltung der AfD Anhänger zu beobachten, sie waren geschlossen gegen die Politik der Union und SPD. Betrachtet man jedoch die Zufriedenheit der Bevölkerung im Allgemeinen und nicht spezifisch im Blick auf ein Thema, so wird in einer anderen Umfrage des Instituts Infratest-dimap aus dem Februar dieses Jahres deutlich, dass die Bevölkerung tatsächlich im Moment genau so zufrieden ist wie in der Legislaturperiode davor und sogar zufriedener als vor 2 Legislaturperioden[54].

2.2.3 Wirtschaft

Entgegen der damaligen Lage zur Zeit der NSDAP geht es der deutschen Wirtschaft und der Bevölkerung deutlich besser, so sind die Deutschen zurzeit von keiner Hyperinflation betroffen wodurch sie auch nicht an Hungersnotleiden anders als in der Vergangenheit[55]. Betrachtet man jedoch die Europäische Lage fällt

---

[51] Ebd.

[52] Infratest dimap, http://www.infratest-dimap.de/umfragen-analysen/bundesweit/sonntagsfrage/ (19.03.2017)

[53] Infratest dimap, http://www.infratest-dimap.de/umfragen-analysen/bundesweit/umfragen/aktuell/deutliche-mehrheit-mit-fluechtlingspolitik-der-bundesregierung-unzufrieden/ (20.03.2017)

[54] Infratest dimap, http://www.infratest-dimap.de/umfragen-analysen/bundesweit/ard-deutschlandtrend/2017/februar/ (22.03.2017)

[55] Zeitklicks. http://www.zeitklicks.de/weimarer-republik/zeitklicks/zeit/alltag/gesellschaft-wohnen-und-essen/zu-wenig-zu-essen-hunger/ (22.03.2017)

einem sofort die „Euro-Krise"[56] ins Auge. „Die Euro-Krise ist eine seit 2009 an-
dauernde Krise innerhalb der europäischen Union. Sie vereint Aspekte einer
Staatsschuldenkrise, einer Bankenkrise und einer Finanzkrise in sich"[57]. Sie löste
eine hohe Verschuldung einzelner EU-Mitgliedsstaaten aus. Das wohl prominen-
teste Beispiel für die „Euro-Krise" ist Griechenland. Bereits hier forderte die AfD
entgegen der aktuellen Politik den Griechen kein Geld zukommen zu lassen, sondern sie der EU zu verweisen[58]. Seit dem Jahr 2009 ist der Euro einer andauern-
den Zerreißprobe ausgesetzt, die auch die anderen Länder betrifft und den Wert
des Euro mindert. Vergleicht man die „Euro-Krise" mit der damaligen Wirtschafts-
krise so wird deutlich, dass wir uns zurzeit nicht in einer ähnlichen Situation befinden wie damals, da wir keine Hyperinflation haben und somit auch kein erspar-
tes Geld verloren geht.

2.2.4 Terror

In der heutigen Zeit besitzt das Wort Terror eine völlig neue Bedeutung nicht zu-
letzt dank des Islamischen Staats (IS) der in Deutschland eine Reihe von Terror-
anschlägen verübte[59]. Die Tatsache, dass die islamistischen Terroranschläge seit
der großen Flüchtlingswelle anstiegen nutzt die AfD als ein weiteres Argument
weshalb man die Grenzen schärfer kontrollieren müsse. Eine andere Art von Terror erfahren eben diese Flüchtlinge, so attackierten mehrere Anhänger der Pro-
test-Organisation Patriotische Europäer gegen die Islamisierung des Abendlan-
des kurz PEGIDA Flüchtlinge Verbal und veranstalten Demonstrationen gegen
die Asylpolitik der Bundesregierung[60] und teils kommt es auch zu gewalttätigen
Aktionen[61] auf diesen Protesten.

---

[56] Ipb, https://www.lpb-bw.de/euro_krise.html (20.03.2017)

[57] Ebd.

[58] Focus, http://www.focus.de/finanzen/news/staatsverschuldung/griechenland-krise-im-news-ticker-afd-lucke-frage-des-griechischen-euro-austritts-zentraler-punkt_id_4472211.html (20.03.2017)

[59] Web, https://web.de/magazine/politik/Kampf-Islamischer-Staat-IS/terroranschlaege-deutschland-vereitelte-tatsaechli-che-islamistische-anschlaege-31882430 (20.03.2017)

[60] Der Tagesspiegel, http://www.tagesspiegel.de/politik/fluechtlinge-in-deutschland-ausschreitungen-bei-protest-gegen-fluechtlingsheim-in-dresden/12433344.html (20.03.2017)

[61] Ebd.

2.2.5 Propaganda

Ähnlich zu damals ist die Art wie die AfD ihre Meinung kundtut und die Bürger erreicht. Sie nutzt dazu Kundgebungen auf öffentlichen Plätzen ähnlich zur NSDAP damals. Die AfD und die PEGIDA selber hat mit den Medien kein gutes Verhältnis so bezeichnen sie die Medien als „Lügenpresse"[62]. Auch propagiert die AfD, die Kanzlerin sei eine „Volksverräterin"[63]. Hiermit versuchen sie bewusst das Volk aufzuwiegeln und eine angespannte ja teils auch aggressive Stimmung zu verbreiten. Teils wird auf diesen Kundgebungen bewusst ein scharfer Ton angeschlagen so sagte Björn Höcke, ein Mitglied der AfD, auf einer Veranstaltung „Deutschland werde von Idioten regiert"[64] oder dass die Kanzlerin in „der Zwangsjacke"[65] aus Ihrem Regierungssitz abgeführt werden müsse[66]. Die AfD erhebt mit dem Wort „Lügenpresse" einen harten Vorwurf gegen die deutsche Medienlandschaft, so suggeriert sie die Medien seien zu Regierungsfreundlich und würden nur Einseitig berichten. Tatsächlich sitzen in den zuständigen Gremien der öffentlich-rechtlichen Sender auch Regierungsvertreter[67] und auch in den Zeitungen und Magazinen könnte es tatsächlich auch zu einer Bevorzugung von Parteien bzw. Meinungen kommen, denn wie eine Umfrage des Deutschen Fachjournalistenverbands zeigt tendieren auch Journalisten zu bestimmten Parteien[68] und damit scheint eine gewisse Bevorzugung von Parteien bzw. Meinungen nicht ausgeschlossen.

2.2.6 Verfassung

Das heutige Äquivalent zum Reichspräsidenten bildet der heutige Bundespräsident im Gegensatz zum Reichspräsidenten hat dieser jedoch deutlich weniger Befugnisse, so wird er nicht wie damals vom Volke ernannt, sondern wird von der

---

[62]Finke, Anke, http://www.rbb-online.de/politik/beitrag/2016/10/pegida-afd-woerter-nazi-sprache.html (20.03.2017)

[63] Ebd.

[64] Focus, http://www.focus.de/politik/videos/ausfall-auf-afd-kundgebung-hoecke-keilt-gegen-die-kanzlerin-merkel-in-der-zwangsjacke-abfuehren_id_5209662.html (20.03.2017)

[65] Ebd.

[66] Ebd.

[67] Barbara Thomaß, Stoyan Radoslavov, http://www.bpb.de/gesellschaft/medien/medienpolitik/172237/unabhaengigkeit-und-staatsferne-ein-mythos (22.03.2017)

[68] Focus, http://www.focus.de/finanzen/news/die-12-maerchen-der-medien-die-presse-ist-neutral_id_4138456.html (22.03.2017)

Bundesversammlung gewählt[69]. Weiterhin ist es dem Bundespräsidenten untersagt der Regierung anzugehören[70]. Sollte der Bundespräsident die Verfassung verletzen, so kann er vor dem Bundesverfassungsgericht angeklagt werden und somit an der Ausführung seines Amtes gehindert werden[71]. Dadurch ist es dem Bundespräsidenten nicht möglich die Verfassung zu untergraben da er weder die ausreichenden Mittel dafür besitz noch kann er dies tun ohne eine rechtliche Verfolgung zu riskieren. Abgesehen von dem Bundespräsidenten hat sich die BRD weiterhin mit der sogenannten „Ewigkeitsklausel"[72] abgesichert. So sei „eine Änderung dieses Grundgesetzes, durch welche die Gliederung des Bundes in Länder, die grundsätzliche Mitwirkung der Länder bei der Gesetzgebung oder die in den Artikeln 1 und 20 niedergelegten Grundsätze berührt werden [...]"[73] unzulässig. Damit sicherte man die Demokratie in Deutschland direkt durch das Grundgesetz in alle Ewigkeit. Sollte dennoch jemand versuchen die Verfassung zu ignorieren bzw. sie bewusst zu verletzten so kann derjenige vor dem Bundesverfassungsgericht angezeigt und für seine Taten zur Rechenschaft gezogen werden.

2.2.7 Abschaffung der Demokratie

Die Abschaffung der Demokratie ist durch die bereits erklärte „Ewigkeitsklausel" quasi unmöglich da sie den Artikel 20 des Grundgesetzes schützt. Dieser besagt unter anderem „Die Bundesrepublik Deutschland ist ein demokratischer und sozialer Bundesstaat."[74] wodurch eine Abschaffung der Demokratie unmöglich ist.

---

[69] Grundgesetz der BRD, in: bundestag.de, URL: https://www.bundestag.de/parlament/aufgaben/rechtsgrundlagen/grundgesetz/gg_05/245132 (20.03.2017)

[70] Ebd.

[71] Ebd.

[72] Bpb.de, http://www.bpb.de/nachschlagen/lexika/161075/ewigkeitsklausel (21.03.2017)

[73] Grundgesetz der BRD, in: bundestag.de, URL: https://www.bundestag.de/parlament/aufgaben/rechtsgrundlagen/grundgesetz/gg_05/245132 (20.03.2017)

[74] Ebd.

3. Schluss

In Anbetracht der vorher präsentierten Faktoren wird deutlich, dass die Stimmung im Volk keineswegs die gleiche ist als zur Zeit der NSDAP. Dies liegt unteranderem daran, dass Deutschland bereits lange an keinem Krieg mehr teilnahm. Zwar scheint die Flüchtlingspolitik von Deutschland nicht optimal gelöst für die Bevölkerung, jedoch hat die sogenannte „Flüchtlingskrise" offenbar kaum Auswirkungen auf die Gesamtzufriedenheit der Bevölkerung zu haben. Sicher entwickelten sich Organisationen wie PEGIDA, andererseits sind diese bisher eher regional vertreten. Auch unsere Wirtschaft scheint deutlich stabiler als damals. Zwar befinden wir uns derzeit in der „Euro-Krise" jedoch sind ihre Folgen nicht ansatzweise so gravierend wie die Folgen der Wirtschaftskriese 1929/30. Nach einer Reihe von Anschlägen des IS ist die Furcht vor weiteren Anschlägen innerhalb Deutschlands spürbar, jedoch gibt die Bevölkerung nicht der Regierung die Schuld an den Anschlägen. Ein wichtiger Punkt ist die AfD, die auf ihren Kundgebungen bewusst aggressive und provozierende teils auch rassistische Parolen nutzt und somit teils mit der NSDAP vergleichbar wäre. Jedoch scheint der AfD die Demokratie weder als eine Art von Hindernis noch äußerte sie bisher den Wunsch die Verfassung zu ändern. Weiterhin erhebt die AfD den Vorwurf, nicht sie würde Propaganda betreiben, sondern die Medien selbst da sie nicht objektiv berichten würden. Hier stellt sich ein großes Problem, nachzuweisen in wie fern ein Journalist unabhängig berichtet scheint quasi unmöglich, denn jeder Mensch fühlt sich zu bestimmten Positionen hingezogen, so ist es für einen Journalisten der eher links eingestellt ist sicher schwer Objektiv und ohne Vorurteile zu berichten. Hinsichtlich der Verfassung hat sich die BRD weitreichend Abgesichert. So ist durch die „Ewigkeitsklausel" das ändern unserer aktuellen Regierungsform quasi unmöglich weshalb eine Diktatur in Deutschland theoretisch unmöglich wäre. Jedoch ist ein Aspekt nicht von der Hand zu weisen. Bereits zu Zeiten der NSDAP wurde die Verfassung einfach ignoriert. Ob sich gleiches auch in der BRD ereignen könnte ist schwer einzuschätzen, da hierfür besondere Umstände benötigt würden, denn es müsste sowohl die Regierung als auch die Bevölkerung und das Bundesverfassungsgericht schweigen, dann wäre es rein theoretisch möglich, dass die Verfassung zwar nicht aufgehoben werden kann aber zumindest ignoriert werden kann, was in der Zeit der NSDAP gängige Praxis war.

Betrachtet man jedoch nur die vergleichbaren Faktoren und lässt Spekulationen außen vor, so ist die zu Beginn gestellte Frage in wie weit eine „Machtergreifung" einer rechten Partei in Deutschland erneut möglich sei mit einem deutlichen Nein zu beantworten. Zwar könnte eine rechte Partei gewählt werden und regieren, jedoch könnte sie nicht die Demokratie innerhalb Deutschlands abschaffen

4. Anhang

4.1 Literaturverzeichnis

1. Böhnke, Andrea (o. J.): Die Basis für Hitlers Weg zur Macht
http://www.planet-wissen.de/geschichte/diktatoren/adolf_hitlers_lebens-
weg/pwiediebasisfuerhitlerswegzurmacht100.html letzter Zugriff
14.03.2017.

2. bpb (o. J.): Ewigkeitsklausel, URL: http://www.bpb.de/nachschlagen/le-
xika/161075/ewigkeitsklausel letzter Zugriff 21.03.2017.

3. Der Tagesspiegel (2015): Ausschreitungen bei Protest gegen Flücht-
lingsheim in Dresden, URL: http://www.tagesspiegel.de/politik/fluecht-
linge-in-deutschland-ausschreitungen-bei-protest-gegen-fluechtlings-
heim-in-dresden/12433344.html letzter Zugriff 20.03.2017.

4. Fink, Anke (2016): Die Sprache der Nazis kehrt schleichend zurück,
URL: http://www.rbb-online.de/politik/beitrag/2016/10/pegida-afd-woerter-
nazi-sprache.html letzter Zugriff 20.03.2017.

5. Focus (2014): Die Presse ist neutral, URL: http://www.focus.de/finan-
zen/news/die-12-maerchen-der-medien-die-presse-ist-neut-
ral_id_4138456.html letzter Zugriff 22.03.2017

6. Focus (2016): Ausfall auf AfD-Kundgebung, URL:
http://www.focus.de/politik/videos/ausfall-auf-afd-kundgebung-hoecke-
keilt-gegen-die-kanzlerin-merkel-in-der-zwangsjacke-abfueh-
ren_id_5209662.html letzter Zugriff letzter Zugriff 20.03.2017.

7. Focus (o. J.): AfD-Lucke: Frage des griechischen Euro-Austritts zentraler
Punkt, URL: http://www.focus.de/finanzen/news/staatsverschuldung/grie-
chenland-krise-im-news-ticker-afd-lucke-frage-des-griechischen-euro-
austritts-zentraler-punkt_id_4472211.html letzter Zugriff 20.03.2017.

8. Frankfurter Allgemeine Zeitung (2015): Petry gewinnt Machtkampf bei
der AfD, URL: http://www.faz.net/aktuell/politik/inland/parteitag-petry-ge-
winnt-machtkampf-bei-der-afd-13684985.html letzter Zugriff 19.03.2017.

9. Gonschior, Andreas (o. J.): Die Präsidenten des Deutschen Reiches
1919 – 1934, URL: http://www.gonschior.de/weimar/Deutschland/Praesi-
denten.html letzter Zugriff 19.03.2017.

10. Gonschior, Andreas (o. J.): Reichstagswahl Juli 1932, URL: http://www.gonschior.de/weimar/Deutschland/RT6.html letzter Zugriff 19.03.2017.

11. Gonschior, Andreas (o. J.): Reichstagswahl 1933, URL: http://www.gonschior.de/weimar/Deutschland/RT8.html letzter Zugriff 19.03.2017.

12. Grundgesetz der BRD, in: bundestag.de, URL: https://www.bundestag.de/parlament/aufgaben/rechtsgrundlagen/grundgesetz/gg_05/24513 letzter Zugriff 20.03.2017.

13. Infratest dimap (2015): Deutliche Mehrheit mit Flüchtlingspolitik der Bundesregierung unzufrieden, URL: http://www.infratest-dimap.de/umfragen-analysen/bundesweit/umfragen/aktuell/deutliche-mehrheit-mit-fluechtlingspolitik-der-bundesregierung-unzufrieden/ letzter Zugriff 20.03.2017.

14. Infratest dimap (2017): Sonntagsfrage, URL: http://www.infratest-dimap.de/umfragen-analysen/bundesweit/sonntagsfrage/ letzter Zugriff 19.03.2017.

15. Infratest dimap (2017): ARD-DeutschlandTREND, URL: http://www.infratest-dimap.de/umfragen-analysen/bundesweit/ard-deutschland-trend/2017/februar/ letzter Zugriff 22.03.2017.

16. Krumeich, Peter und Wildt, Michael (2012): Nationalsozialismus: Aufstieg und Herrschaft, Bonn, bpb.

17. Lachmann, Günther (2013): Die konkreten Ziele der Alternative für Deutschland, URL: https://www.welt.de/politik/deutschland/article115038859/Die-konkreten-Ziele-der-Alternative-fuer-Deutschland.html letzter Zugriff 19.03.2017.

18. lpb (o.J.): Euro-Krise, URL: https://www.lpb-bw.de/euro_krise.html letzter Zugriff 20.03.2017.

19. Munziger, Paul (2015): "Auf Bundesebene hat die Rumpf-AfD keine echte Chance", URL: http://www.sueddeutsche.de/politik/alternative-fuer-deutschland-auf-bundesebene-hat-die-rumpf-afd-keine-echte-chance-1.2558708#redirectedFromLandingpage letzter Zugriff 19.03.2017.

20. N-tv (2015): Pegida-Jahrestag endet in Gewalt, URL: http://www.n-tv.de/politik/Pegida-Jahrestag-endet-in-Gewalt-article16171256.html letzter Zugriff 13.03.2017.

21. Neuerer, Dietmar (2015): AfD verschärft Asylkurs, URL: http://www.handelsblatt.com/politik/deutschland/fluechtlinge-in-deutschland-afd-verschaerft-asylkurs/12427986.html letzter Zugriff 19.03.2017.

22. Pressemitteilung des Bundesverfassungsgerichts (2017): Kein Verbot der NPD wegen fehlender Anhaltspunkte für eine erfolgreiche Durchsetzung ihrer verfassungsfeindlichen Ziele, URL: https://www.bundesverfassungsgericht.de/SharedDocs/Pressemitteilungen/DE/2017/bvg17-004.html letzter Zugriff am 22.03.2017

23. Spiegel Online (2016): "Notfalls auch von der Schusswaffe Gebrauch machen", URL: http://www.spiegel.de/politik/deutschland/petry-fordert-notfalls-schusswaffen-einsatz-gegen-fluechtlinge-an-der-grenze-a-1074816.html letzter Zugriff 19.03.2017.

24. Tagesschau (2013): Bundestagswahl 2013, URL: https://wahl.tagesschau.de/wahlen/2013-09-22-BT-DE/ letzter Zugriff 19.03.2017.

25. Thomaß, Barbara und Radoslavov, Stoyan (2016): Unabhängigkeit und Staatsferne – nur ein Mythos? URL: http://www.bpb.de/gesellschaft/medien/medienpolitik/172237/unabhaengigkeit-und-staatsferne-ein-mythos letzter Zugriff 22.03.2017.

26. Verfassung des Deutschen Reiches (11.08.1919), in: documentArchiv.de [Hrsg.], URL: http://www.documentArchiv.de/wr/wrv.html letzter Zugriff 20.03.2017.

27. Web (2016): Terroranschläge in Deutschland: Vereitelte und tatsächliche islamistische Anschläge, URL: https://web.de/magazine/politik/Kampf-Islamischer-Staat-IS/terroranschlaege-deutschland-vereitelte-tatsaechliche-islamistische-anschlaege-31882430 letzter Zugriff 20.03.2017.

28. Zeilmann, Kathrin (2009): Der Präsident – ein „Ersatzkaiser"? URL: http://www.focus.de/wissen/mensch/geschichte/tid-15138/weimarer-verfassung-der-praesident-ein-ersatzkaiser_aid_425046.html letzter Zugriff 20.03.2017.

29. Zeitklicks (o. J.): DAF - Deutsche Arbeitsfront, URL: http://www.zeitklicks.de/nationalsozialismus/zeitklicks/zeit/politik/organisationen/daf-deutsche-arbeitsfront/ letzter Zugriff 19.03.2017

4.2 Graphiken

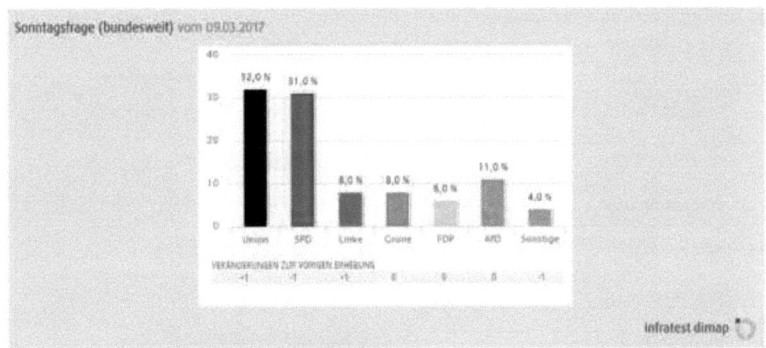

Abbildung 1: Sonntagsfrage vom 09.03.2017   **Quelle: Infratest**

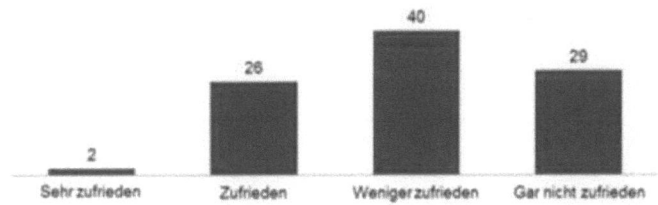

Abbildung 2: Umfrage zur Zufriedenheit der Bevölkerung mit der Flücht-lingspolitik des Instituts Infratest

Umfrage „Flüchtlingskrise"

Zufriedenheit mit der Asyl- und Flüchtlingspolitik der Bundesregierung
Parteianhänger

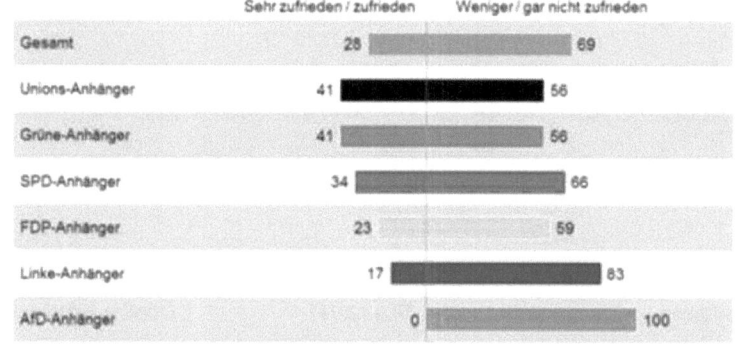

Frage: Wie zufrieden sind Sie mit der Asyl- und Flüchtlingspolitik der Bundesregierung? Sind Sie damit ?

Grundgesamtheit: Wahlberechtigte Bevölkerung in Deutschland / Angaben in Prozent
Fehlende Werte zu 100% Weiß nicht / keine Angabe

infratest dimap

Abbildung 3: Umfrage über die Zufriedenheit von Parteimitgliedern mit der Flüchtlingspolitik der Bundesregierung des Instituts Infratest

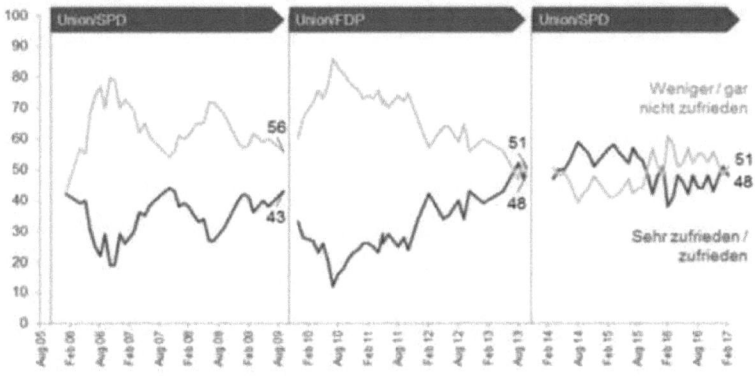

ARD-DeutschlandTREND: Februar 2017

ARD

Regierungszufriedenheit
Zeitverlauf

Frage: Wie zufrieden sind Sie mit der Arbeit der Bundesregierung? Sind Sie damit...?

Grundgesamtheit: Wahlberechtigte Bevölkerung in Deutschland / Angaben in Prozent
Fehlende Werte zu 100% Weiß nicht / keine Angabe

infratest dimap

Abbildung 4: Umfrage zur Zufriedenheit der Bevölkerung mit der aktuellen Regierung im Vergleich zu der Legislaturperiode davor und zu vor letzten Legislaturperiode durchgeführt vom Institut Infratest.